IDENTIDADE de SER CATEQUISTA

Dados Internacionais de Catalogação na Publicação (CIP)
(Câmara Brasileira do Livro, SP, Brasil)

Roza, Araceli G.X da
  Identidade de ser catequista : vocação e missão / Ir. Araceli G.X. da Roza, Maria Aparecida dos Santos, Manuel Freixo dos Santos. – Petrópolis, Rj : Vozes, 2020.

  Bibliografia.
  ISBN 978-85-326-6343-6

  1. Catequese – Igreja Católica 2. Catequistas 3. Espiritualidade 4. Evangelização 5. Vida cristã I. Santos, Maria Aparecida dos. II. Santos, Manuel Freixo dos. III. Título.

19-30935   CDD-268.3

Índices para catálogo sistemático:
1. Catequistas : Vocação e missão : Educação religiosa   268.3

Maria Paula C. Riyuzo – Bibliotecária – CRB-8/7639

Ir. Araceli G.X. da Roza
Maria Aparecida dos Santos
Manuel Freixo dos Santos

IDENTIDADE de SER CATEQUISTA

Vocação e missão

Dou graças a meu Deus cada vez que me recordo de vós. Em todas as minhas orações peço sempre com alegria por todos vós, recordando-me da cooperação que destes na difusão do evangelho, desde o primeiro dia até agora (cf. Fp 1,3-5).

EDITORA VOZES

Petrópolis

Direitos de publicação em língua portuguesa:
2020, Editora Vozes Ltda.
Rua Frei Luís, 100
25689-900 Petrópolis, RJ
www.vozes.com.br
Brasil

Todos os direitos reservados. Nenhuma parte desta obra poderá ser reproduzida ou transmitida por qualquer forma e/ou quaisquer meios (eletrônico ou mecânico, incluindo fotocópia e gravação) ou arquivada em qualquer sistema ou banco de dados sem permissão escrita da editora.

CONSELHO EDITORIAL

Diretor
Gilberto Gonçalves Garcia

Editores
Aline dos Santos Carneiro
Edrian Josué Pasini
Marilac Loraine Oleniki
Welder Lancieri Marchini

Conselheiros
Francisco Morás
Ludovico Garmus
Teobaldo Heidemann
Volney J. Berkenbrock

Secretário executivo
João Batista Kreuch

Diagramação: Victor Mauricio Bello
Revisão gráfica: Alessandra Karl
Capa: Ana Maria Oleniki

ISBN 978-85-326-6343-6

Editado conforme o novo acordo ortográfico.

Este livro foi composto e impresso pela Editora Vozes Ltda.

SUMÁRIO

Apresentação 7

Introdução 9

1. A identidade de catequista na dimensão eclesial 11

2. A oração na vida e missão do catequista 23

3. Ser catequista, educador da fé 33

4. Projeto de vida e a formação de ser catequista 49

Considerações finais 57

Referências 59

APRESENTAÇÃO

Agradecendo pela honra de apresentar este livro, desejo que para todos os catequistas seja um instrumento de crescimento na fé. Todos os catequistas sejam e ajudem a ser "adultos na fé".

De fato, a finalidade apresentada na Introdução é "contribuir com o catequista a cultivar uma espiritualidade" que leve à prática evangelizadora, marcada pelo testemunho de Cristo.

Assim, desde o início, se apresenta a figura do catequista, que não é aquele que passa uma doutrina ou ajuda a preparar para receber os sacramentos, mas como um companheiro de caminhada. O ícone do catequista é Jesus que caminha com os discípulos de Emaús.

A identidade do catequista é logo apresentada na dimensão eclesial. O catequista faz parte da Igreja, age em nome da Igreja, vive os valores do Evangelho, estimulando os outros a fazer o mesmo.

As exigências apresentadas no 1° capítulo parecem difíceis e exageradas, mas não são.

O importante é o equilíbrio: conhecer o mundo que o rodeia, especialmente as famílias, a comunidade. Conhecer também as suas fragilidades, o saber que adquiriu para poder administrar conflitos, ser pessoa madura e ajudar os outros com quem convive.

Falando do diálogo com Deus, o catequista lembra que já como cristão, como discípulo, o amor a Deus é o primeiro na sua vida. Amar a Deus não é obrigação para ele, mas faz parte do dinamismo próprio da sua vida. Então quem ama tem o prazer de se encontrar com a pessoa amada. Mas, para que este encontro não seja saltuário, precisa disciplina, coragem e fidelidade. Um programa (que compreende horário, lugar, recursos, métodos) é importante. Assim, o catequista se torna mestre de oração.

As experiências, que serão feitas com os catequizandos, os ajudarão a ter gosto pela oração.

Para ser educador da fé, ou seja, testemunha, é só fazer experiência de Deus.

Quem ama sente a alegria em falar ou apresentar a pessoa amada. É assim que deveria fazer cada cristão, é assim que faz o catequista.

André e João, que naquela tarde ("eram às quatro da tarde") encontraram Jesus e ficaram com Ele, talvez até o dia depois, encantaram-se com Ele. André foi chamar Pedro, e Felipe chamou Natanael. Que encontro maravilhoso! Mudou a vida dos dois.

Muitas vezes o que falta aos cristãos em geral, e também aos catequistas, é este encontro profundo com Cristo; encontro que leva a uma opção fundamental e ao seguimento, que vai durar a vida toda.

Instrumento necessário para realizar tudo isto é o Projeto de vida, pessoal e catequético. Mas, não se deve esquecer que a primeira atitude do "homem de fé" é a abertura aos apelos de Deus. Devemos ter o nosso Projeto de vida, mas, se Ele quer mudar tudo, é só dizer: "Eis-me aqui, Senhor. Seja feito segundo a tua Palavra".

Para Ir. Araceli, Manuel e Maria Aparecida, os nossos cumprimentos e agradecimentos.

A longa caminhada de fé e o longo desempenho catequético os torna expertos nos assuntos que apresentam para ajudar os catequistas a ser e formar discípulos do único Mestre, que é Jesus, Salvador do mundo.

Obrigado e... continuem firmes!

Dom Antonino Migliore
Bispo de Coxim, MS
Referencial da Comissão Episcopal Pastoral para a
Animação Bíblico-Catequética da CNBB/Oeste 1

INTRODUÇÃO

Identidade de ser catequista: vocação e missão é uma obra interativa, por isso a proposta desenhada nas suas páginas contempla momentos para o catequista ler, refletir, rezar, avaliar sua caminhada, registrar seus anseios, sonhos e planos de ação. As reflexões têm como inspiração a proposta da Iniciação à Vida Cristã, oferecendo pequenos textos para ajudá-lo a meditar sobre a identidade, vocação e missão de *ser catequista*, com um propósito cheio de significado e sentido à luz da Sagrada Escritura e da Sagrada Tradição, assim como, da doutrina da salvação e dos compromissos cristãos.

Com este livro queremos motivar e contribuir com o catequista a cultivar uma vida alimentada pela espiritualidade e a uma prática evangelizadora, marcada pelo testemunho de Cristo. Com esta finalidade, em cada tema proposto, poderá o leitor se deparar com reflexões que o ajudem a percorrer ou construir um itinerário que o auxilie a ir ao íntimo de sua relação com Deus, e desta, abrir-se às pessoas promovendo uma ação que abra um caminho que alimente a fé.

Apresentamos os temas seguindo uma lógica, desenhada a partir de nossa experiência. No entanto, a maneira como os escrevemos possibilita a escolha do tema de que mais precisa refletir e, assim, possa ler o texto em partes, sem haver perda de conteúdo.

Sugerimos que o texto seja lido como um recurso para meditar e ajudar a mergulhar em sua própria realidade e na vida da Igreja. Para esta dinâmica, encontrará espaço para registrar seu posicionamento, anseios e novas formas de promover o encantamento e testemunho da pessoa e mensagem de Jesus.

Esperamos que esta proposta seja um estímulo aos catequistas na realização de uma catequese encarnada, capaz de integrar a dimensão doutrinal e experiencial. Para isso recomendamos como imprescindível o exercício da pedagogia do amor, colocando em prática os ensinamentos de Jesus. Assim, idealmente, propomos que não somente leia este livro, mas, ao folheá-lo, faça dele um caminho de fortalecimento e inspiração em sua jornada de testemunhar Jesus, caminho, verdade e vida (Jo 14,6).

Que a sua fé em Deus fortaleça sua missão de ser catequista.

Um grande abraço!
Os autores.

1

A IDENTIDADE DE CATEQUISTA NA DIMENSÃO ECLESIAL

> **Identidade** compreende um conjunto de características ou elementos que permitem reconhecer um indivíduo ou objeto, tornando possível distingui-lo dos demais.

Catequista é alguém que, além de ter consciência das características que constituem a sua identidade, que o tornam único e diferente de outras pessoas, é consciente de que em sua vocação estão reunidos princípios pessoais e próprios do ministério, de quem pertence à Igreja de Jesus Cristo.

O catequista, portanto, contempla de forma acentuada e marcante, em sua identidade, a dimensão eclesial, ou seja, daqueles que ao responder o chamado do Senhor a serem seus discípulos missionários, congregam-se pela Palavra de Deus que os mobiliza a refleti-la e comunicá-la.

A dimensão eclesial de ser catequista é resultado de sua inserção e participação na comunidade, como também da experiência de fé alimentada à luz da Palavra de Deus. Esta experiência é transformada em ação e testemunho que se revela no seu jeito de ser e agir. Este é expressão de quem fez adesão a pessoa de Jesus Cristo e mantém-se fiel ao caminho escolhido: viver a vocação de servir na catequese, cuja origem encontra-se no Sacramento do Batismo, se fortalece pela Confirmação e desenvolve-se, contínua e progressivamente, pela participação e pertença filial na vida da comunidade cristã, alimentado constantemente pela Eucaristia.

Faça uma parada para eleger alguns aspectos que compõem a sua identidade

Nome_____

A história do seu nome. Por que o recebeu?
_____
_____
_____
_____

Nascido na cidade de_____

O que caracteriza a cidade em que nasceu e o que preserva como algo próprio seu.
_____
_____
_____
_____

Data de nascimento:_____

Qual é o santo(a) do dia? O que sabe sobre ele(a)? Há algo deste santo que te inspira?
_____
_____
_____
_____

Algum fato marcante da data do seu nascimento que, para você, é importante?
_____
_____
_____
_____

Sobre o dia em que participou dos sacramentos da iniciação cristã, o que você pode dizer sobre:

Dia do Batismo

- **Na paróquia** _____
- Data _____
- Cidade/ Estado _____
- O padroeiro da paróquia
- O santo do dia _____
- Uma frase inspiradora do santo para sua vida cristã.
- Algo/alguém expressivo que marca esse sacramento de modo importante para a vivência cristã.

_____
_____
_____
_____

Dia da Confirmação/Crisma

- **Na paróquia** _____
- Data _____
- Cidade/ Estado _____
- O padroeiro da paróquia
- O santo do dia _____
- Uma frase inspiradora do santo para sua vida cristã.
- Algo/alguém expressivo que marca esse sacramento de modo importante para a vivência cristã.

_____
_____
_____
_____

Dia da Primeira Eucaristia

☞ **Na paróquia** _____
☞ Data _____
☞ Cidade/ Estado _____
☞ O padroeiro da paróquia
☞ O santo do dia_____
☞ Uma frase inspiradora do santo para sua vida cristã.
☞ Algo/alguém expressivo que marca esse sacramento de modo importante para a vivência cristã.

_____
_____
_____
_____

Além desses aspectos, há outros que constituem a sua identidade e caracterizam o seu jeito de ser e agir na sociedade, na família, no trabalho, nos momentos de lazer, junto aos amigos e na comunidade cristã.

Pare e pense

Quais características próprias de sua identidade são exercitadas nesses ambientes? Registre-as.

Sociedade
_____
_____

Família
_____
_____

Trabalho
_____
_____

Compare as suas respostas. Seu jeito de ser e agir é o mesmo nos diferentes ambientes? Nestes há aspectos da sua missão catequética?

Ao convidarmos para caracterizar o seu jeito de ser e agir na diversidade de ambientes nós queremos ajudar na compreensão sobre o fato de que a vocação de ser catequista integra todas as dimensões da experiência humana, pois,

> O catequista é um leigo que exerce seu ministério na Igreja sem renunciar à particular condição pela qual, imerso nas realidades temporais e comprometido em sua transformação à luz da fé, compartilha com os irmãos o mesmo estilo de vida. (CELAM, 2007, p. 129)

Isto remete a perceber que a condição de ser catequista requer que tenha uma conduta desejável a quem assume ser educador da fé, ou seja, que seu jeito de ser e agir se mostre como modelo de quem vive autenticamente os valores do Evangelho sendo fiel a Deus e a dignidade do ser humano na diversidade de ambientes que frequenta e pessoas com quem convive.

Podemos dizer que a identidade de ser catequista se evidencia, especialmente, por uma caminhada pessoal de quem, sendo quem é, acolhe o chamado do Senhor para dedicar-se à catequese, desenvolvendo na Igreja os seus talentos, respondendo a sua vocação. Nesta assume o seu chamado a ser catequista como realização da vocação batismal, vivenciando-a na comunidade cristã que, por sua vez, conta com a sua participação para realizar a sua ação evangelizadora em diferentes ambientes e espaços nos quais convive.

Na dinâmica da vida da Igreja o catequista tem a missão de atuar como servidor da Palavra, realizando a comunicação da mensagem cristã aos destinatários interlocutores da catequese; educador da fé que contribui para o seu amadurecimento, atuando como mensageiro de Jesus Cristo para favorecer a descoberta de um caminho espiritual que leva a realizar de modo explícito e operante a solene profissão de fé; comunicador e testemunha do ideal evangélico do homem novo (cf. CELAM, 2007, p. 130). Isso nos leva a entender que assumir *ser catequista* tem lá suas implicações e exigências que precisam ser consideradas não apenas dentro do espaço eclesial, mas na dinâmica pessoal e social de quem aceita assumir essa vocação. Vejamos:

Ser catequista é:

- Estar unido a todos aqueles que esperam um mundo novo com mais justiça, solidariedade e unidade.

- Assumir-se como modelo de esperança e fé.

- Conhecer e aprofundar o conhecimento da Palavra de Deus e da Igreja.

- Agir como discípulo missionário de Jesus nas adversidades.

- Reconhecer e anunciar que Deus planejou e quer ser íntimo de seus filhos, amando-os e protegendo-os.

- Entregar-se apaixonadamente à missão, tornando-se acessível, capaz de ser reconhecido pela comunidade.

- Ser animador da caminhada e colaborador do Reino de Deus.

- Ser capaz de atitude de respeito, constantemente.

- Testemunhar em palavras e ações a fé que professa.

- Estar comprometido em realizar uma autêntica educação da fé.

- Acolher o outro em sua realidade e condição, sem julgar.

Ser catequista é:

| Saber conviver com a diversidade de ideias, modos de fazer e entender a educação da fé.

| Promover mudanças, fortalecendo o grupo.

| Saber aproveitar as condições da realidade para motivar comportamentos e ações cristãs transformadoras.

| Ser capaz de equilibrar todas as áreas de sua vida: família, saúde, lazer, profissão, comunidade...

Estas são algumas questões que fazem parte da dinâmica de ser catequista. Após a sua leitura poderá pensar: "Nossa! Mas ninguém dá conta disso tudo, não! É muita responsabilidade!"

Parece difícil, mas não é. Isto porque o discipulado de ser catequista precisa ser compreendido dentro de um processo de amadurecimento, de crescimento que acontece contínua e progressivamente. Nesse processo as características e exigências que compõem a identidade de ser catequista vão se desenhando, se construindo passo a passo, à medida que se participa de atualizações e formações, amplia-se a experiência junto aos catequizandos e à comunidade catequética, aprofunda-se a sua relação com o Senhor.

Façamos uma parada para um exercício

✓ Assumi minha vocação e missão como catequista em_____, na paróquia_____.

✓ Relate de modo resumido o que aprendeu desde que assumiu ser catequista.

_____
_____
_____
_____
_____
_____
_____
_____

- ✓ Atualmente sou catequista em_____.
- ✓ Observo que preciso aprender mais sobre:

- ✓ Antes eu era que tipo de catequista?

- ✓ Hoje eu sou qual tipo de catequista?

- ✓ Meus sonhos para a catequese são:

✓ Faça uma relação de palavras que possam definir o seu jeito de Ser catequista. Aproveite o espaço.

Leia com carinho as suas respostas e reflita:

✓ Percebo nelas que sou um ser humano impulsionado a me desenvolver, a caminhar em direção ao bem, à verdade e ao amor?

✓ Reconheço-me como um mediador(a) do processo de conscientização sobre o compromisso de humanização por meio da ação catequética que realizo?

✓ Identifico as frustrações, os desafios pelos quais passei como etapas de crescimento? Sei reconhecer quais foram os recursos que precisei utilizar para superá-los? Há algo que faria diferente?

No processo de crescimento e desenvolvimento da identidade de ser catequista, os desafios e frustrações vividos precisam se transformar em ferramentas que ajudem a amadurecer. Nesse sentido é preciso que o catequista desenvolva a resiliência, ou seja, a capacidade de encarar as adversidades como oportunidades para aprimorar-se utilizando sua força, sua energia para agir com flexibilidade mediante as questões em que precisa superar as dificuldades, ultrapassar os obstáculos da caminhada e encontrar novas formas de atuar.

Para isso é preciso rever o caminho percorrido, selecionar o que foi bom e inovar na busca de soluções daquilo que não dá ou não deu certo realizar. Assim, é preciso considerar as dificuldades, as condições desfavoráveis, como pontes que oportunizam evoluir, fazer a travessia de um estágio de amadurecimento, de relacionamento para outro. Isso exige assumir o que nos cabe, sem atribuir ao outro a responsabilidade pelo que estamos vivendo, pelas metas que não alcançamos. Isso é um grande desafio!!!

Na convivência cotidiana um dos obstáculos que por vezes dificulta a caminhada de ser catequista está relacionado às emoções e ao modo como as administramos interna e externamente. Nesse caso é preciso cuidar para que as emoções não nos dominem, mas sejam nossas aliadas.

Pare e pense

Na sua convivência catequética, quais são as suas dificuldades relacionadas às emoções que precisam ser resolvidas em relação: aos catequizandos, às famílias dos catequizandos, aos catequistas, ao pároco, à coordenação de catequese?

Procure analisar se as suas emoções estão sendo o foco de sua atenção e se elas não o estão impedindo de avançar, de amadurecer a relação com o outro e com Deus.

Diante dos desejos e dificuldades é preciso reconhecer os acionadores que irritam você ou despertam entusiasmo, empolgação, ternura, ansiedade, rejeição a fatos e pessoas. Isto contribui para que possa refletir o que mobiliza o seu sentir e desenvolver o domínio sobre as suas reações para administrar os conflitos de modo a alcançar mudanças e conquistas que permitam promover o bem-viver.

Assim, promove o desenvolvimento de uma atitude para estar em paz consigo mesmo e com o próximo, revelando-se pessoa de equilíbrio, testemunha dos valores do Evangelho no seu falar e agir na presença e na ação do Deus invisível. Esta conduta é parte do ser catequista que se constrói pela purificação e conversão diária de quem é capaz de autoconhecimento e fez adesão à Pessoa de Jesus Cristo e sua mensagem na vida.

Ser catequista passa primeiro pelo movimento de olhar para a própria situação atual, seus questionamentos pessoais, suas potencialidades e fragilidades, o domínio acerca dos conhecimentos necessários para realizar a sua missão, pois é a partir do seu autoconhecimento que poderá reconhecer o seu perfil e o que precisa projetar para aprimorar tanto a sua formação quanto a sua experiência de fé. Estes dentre outros são aspectos que o capacitam para ser sal e luz na sociedade em que vive, comunidade em que atua e participa.

A partir do primeiro movimento de olhar para si mesmo o catequista identifica o que precisa para realizar no segundo movimento que é a sua ação catequética junto aos catequizandos. Nesta, atua sendo um referencial e mediador no caminho que irão construir, educando-os para professar sua fé e dar razão de sua esperança.

Neste processo as características e os princípios que compõem o ser catequista envolvem também a dimensão do saber, em que se reúnem os conhecimentos necessários ao desenvolvimento de sua atuação junto aos catequizandos, sendo estes meios eficazes ao serviço de sua ação evangelizadora. Portanto, todo aquele(a) que assume a missão de catequizar precisa:

- Buscar formação para o seu crescimento e realização pessoal.
- Acolher a proposta de Deus em sua vida.
- Saber transmitir o Evangelho, tornando-se luz e fermento na sociedade e junto aos seus interlocutores mais próximos (Cf. DGC, n. 237).
- Ser mistagogo da fé.
- Apresentar Jesus Cristo e a fé cristã como maneira de segui-lo.
- Desenvolver a dimensão do ser; pessoa de vida de oração, capaz de ler a presença de Deus em sua realidade; pessoa que busca a formação continuamente; pessoa integrada em seu tempo e construtora de comunhão fraterna.
- Que seu saber contemple a relação teoria e prática, numa perspectiva de agregar os conhecimentos teológico-pastorais e das ciências humanas aos elementos que configuram a vida de seus catequizandos, integrando-os ao itinerário de educação da fé e de sua própria formação.
- Saber fazer a condução da educação da fé com práticas que ajudem no desenvolvimento e amadurecimento de seus catequizandos, sendo capaz de promover a comunicação da interação entre a vida e a fé.

Na construção da identidade de ser catequista o grande referencial é o Mestre Jesus. Ele apresenta com sua vida um caminho de preparação pessoal e o modo como devemos nos dedicar ao percorrer esse caminho e ajudar na formação das outras pessoas. Ele é o Mestre que ensina como comunicar a mensagem, como ser catequista exercendo o papel de educador da fé e conduzir os catequizandos, progressivamente, a realizarem também sua experiência pessoal, a experiência de encontro com o Senhor e vivência da fé.

Nesta perspectiva é importante que o catequista em seu ato de *fazer catequese* leve em conta que o amor de Deus é personalizado e assuma o compromisso de anunciá-lo e apresentar a sua mensagem contemplando as diversas realidades de seus catequizandos e de sua comunidade, sendo luz e inspiração.

Essencialmente *ser catequista* requer ser maduro como pessoa, convicto de sua fé, detentor de uma espiritualidade que se expressa no seu exemplo de vida. Ser catequista é antes de mais nada ter consciência da responsabilidade pelo crescimento e progressos da própria vida em suas múltiplas dimensões, catequizando primeiramente a si mesmo.

2

A ORAÇÃO NA VIDA E MISSÃO DO CATEQUISTA

O catequista é um educador da fé, e, na fé, tem como tarefa ajudar a crescer em Deus, a transformar a vida humana de acordo com a proposta do Mestre Jesus. Para tanto precisa fazer a experiência pessoal de ser discípulo. Nessa experiência a dimensão da oração pessoal e comunitária é fundamental, pois se trata de uma forma de catequese que contribui na compreensão do sentido dos sinais, educa a contemplação e o silêncio, entre outros aspectos importantes ao cultivo da fé.

À medida que se cultiva uma vida de oração, a fé vai evoluindo, amadurecendo. Embora a fé seja dom de Deus, ela precisa ser educada. A oração é um forte instrumento de apoio ao caminho espiritual para que a pessoa solidifique sua fé. E quando se sentir preparada, possa fazer a sua profissão de fé.

A vida de oração é essencial à experiência de ser catequista, portanto, elemento fundamental à sua vida. Dialogar com o Senhor, estabelecer e desenvolver um relacionamento de intimidade com Ele exige dedicar tempo, escolhendo para isso um momento do dia para se conectar com Deus. Para isso, há necessidade de uma certa disciplina para garantir que o diálogo seja contínuo e permanente. Chega a ser um desafio pessoal garantir que esse encontro não seja transferido ou substituído por outras atividades.

Pare e pense

Como você se vê em relação ao diálogo com Deus:

- ✓ Faz parte daquele grupo de pessoas que fica se justificando pelas diversas atividades que impedem de estabelecer este tempo e acaba sempre se comprometendo em realizá-lo a partir de amanhã, mas sem sucesso concreto?
- ✓ É daquelas pessoas disciplinadas que consegue administrar o seu tempo com Deus, com leveza, dedicando-se a cada coisa no seu momento?

Independente da resposta é necessário ter sempre em mente e no coração que nossa vida de cristãos, de catequista, precisa ser alimentada pela experiência de oração. Contudo, é preciso ter cuidado para não agir com rigorismo excessivo, pois às vezes podem acontecer coisas que saem do controle. É evidente que o nosso tempo é constantemente tomado por muitas atividades, cada dia surgem sempre mais e novos compromissos em nosso calendário. Mas, enquanto catequista, vocacionado para a missão, é essencial cuidarmos para não nos tornarmos apenas pessoas de produtividade. É preciso estabelecer o equilíbrio entre o viver e o fazer. Ajuda nesse processo planejar bem para bem administrar o nosso tempo com Deus.

Mas como posso pensar em planejar o meu tempo com Deus?

Evidentemente, planejar um momento orante, não implica rigidez. Para tudo é preciso equilíbrio. Quando falamos de planejar o tempo com Deus estamos convidando você, catequista, para:

- ✓ Primeiramente, pensar que sua vivência é alimentada e fortalecida pelo encontro íntimo e pessoal com o Senhor.
- ✓ Estabelecer o seu momento de intimidade com o Senhor. Este pode ser um horário determinado ou não.
- ✓ Preparar um lugar adequado em sua casa ou quarto que o ajude a vivenciar este momento. O ambiente estimula nossas ações. Ter um espaço para este momento pode contribuir para a prática da oração.
- ✓ Selecionar recursos que poderão ajudá-lo a vivenciar estes momentos.
- ✓ Integrar neste importante momento: oração, estudo e reflexão.

Sobre o horário, sabemos que toda pessoa tem uma dinâmica própria. E, sabemos também que, para algumas, se não estabelecer um tempo com dia e horário certo as coisas não acontecem. Entende-se que incorporar na dinâmica de vida um tempo para rezar, meditar a Palavra ou fazer um estudo bíblico será de grande ajuda no crescimento pessoal e na missão.

Em relação ao espaço para este momento, sugere-se que o construa como um lugar especial, de recolhimento e privacidade. Nele poderá dispor a Bíblia, uma imagem de Nossa Senhora ou de seu santo protetor, livros de oração, aparelho de som ou celular que lhe possibilite ouvir músicas que o inspirem e ajudem a concentrar-se, como também outros objetos e símbolos de que precise para o seu momento de oração.

Quanto aos recursos nos referimos à Bíblia, aos livros de oração, aos textos de meditação, ao guia do Ano Litúrgico para meditar as leituras do dia, para que o seu momento possa ser enriquecido com reflexões que promovam maior aproximação com a mensagem e a Palavra do Senhor.

Com isso queremos dizer que os textos de aprofundamento também podem fazer parte dos recursos para os seus momentos de oração. E, como dito, ainda, em seus momentos de oração podem estar associados o tempo de estudo e reflexão. Assim, o estudo pode iniciar ou concluir com a oração. Poderá também, ter um caderno de anotações dessas experiências.

Tais anotações podem lhe ajudar a observar o próprio desenvolvimento de sua espiritualidade, de seu aprofundamento e crescimento na fé, aos moldes dos santos que registraram o que viveram em seus momentos de oração que os aproximou mais do Senhor e do seu próximo.

A oração na vida do catequista faz parte da dimensão da fé que precisa ser vivida e cultivada (cf. DNC, n. 53). É essencial que o catequista exercite a sua vida de oração inspirando-se nos sentimentos e disposições de Jesus Cristo, quando se dirige ao Pai, quais sejam de adoração, louvor, agradecimento, confiança, súplica, contemplação (cf. DNC, n. 53d).

A vida e missão do catequista precisa ser permeada pela experiência profunda de oração, tendo seu ápice na participação litúrgica, dentro da comunidade eclesial em que a oração contempla os problemas pessoais e sociais, e remete aos valores humanos iluminando a existência e o diálogo com as pessoas e sua cultura.

A oração nos ajuda a estar constantemente na presença de Deus e em comunhão com Ele e com o próximo (cf. CIgC, n. 2565). É um meio de aproximação com o Senhor e pode ser realizada a partir de um determinado tema ou fato da vida, iluminado por uma passagem bíblica que ajude a aprofundar a sua compreensão. Desta forma, dialoga-se com o Senhor projetando para a própria vida o que refletir e rezar sobre Ele.

Muitas são as maneiras de desenvolver o nosso diálogo com o Senhor. Vejamos:

■ ORAÇÃO DE MEDITAÇÃO

A meditação coloca em ação a emoção, o pensamento, a imaginação e o desejo do ser humano (cf. CIgC, n. 2723). É realizada a partir de um tema, texto do Evangelho, algum aspecto da vida de um santo, imagens sacras, frases, poemas, músicas... com a intencionalidade de contribuir na apropriação do tema meditado e confrontá-lo com a realidade.

Tal como nos preparamos para uma viagem a meditação requer que nos organizemos para realizá-la. Isso requer, primeiramente, escolher um tema, um assunto que ajude no discernimento acerca de uma situação de vida que esteja vivendo e eleger um lugar adequado, que propicie estar em silêncio e que possa permanecer um tempo sem interrupções.

Assim, após a escolha do tema a meditar e do ambiente, também a pessoa que medita precisa proporcionar a si um tempo. Preparar-se considerando o tempo para a oração. Além destes aspectos é importante:

✓ Estar atento à respiração, respirando lentamente, suavemente. O ar é alimento para a nossa vida humana.

✓ Tomar consciência de que está na presença de Deus.

✓ Fazer o sinal da cruz valorizando este sinal de comunhão com Deus.

✓ Pedir a Deus a luz para que todos os seus desejos, pensamentos e sentimentos estejam voltados para o louvor e serviço à vida.

✓ Pedir a graça que verdadeiramente deseja receber de Deus.

✓ Ler o texto escolhido, devagar, saboreando cada palavra, cada frase ou ideia que mais toca, que chama sua atenção.

✓ Reconhecer que Deus é o verdadeiro amigo que acolhe o seu sentir. Fale, escute, peça, louve, pergunte, silencie, valorizando os sentimentos experimentados neste momento de meditação.

✓ Se estiver usando uma imagem, observe todos os detalhes. A imagem é um texto que também tem uma mensagem.

✓ Relembre momentos marcantes de seu encontro com Deus.

✓ Registre o que foi mais importante neste momento de oração, palavras, frases e imagens.

✓ Avalie os pensamentos predominantes.

✓ Durante este tempo houve sentimentos de consolação ou desolação? Como se sentiu diante deles?

Os métodos de meditação são vários. Mas lembre-se: o método é um guia e o que vale na oração é realizar o caminho em união com Jesus Cristo, buscando participar de seu Mistério.

A meditação é um itinerário que contempla a vida espiritual do catequista, a vida da comunidade e a prática catequética. Ajuda, portanto, o catequista a valorizar as realidades à luz da fé e guiar sua vida por ela.

Que tal fazer uma parada na leitura e realizar a experiência da Meditação?

✓ Após realizar a experiência de meditação, descreva seus sentimentos ao desenvolver os passos propostos.

✓ Tomando por base essa experiência como você diria que ela mexeu com seu estilo de vida e prática catequética? Justifique.

■ LEITURA ORANTE DA BÍBLIA

O método da leitura orante propõe elementos à escuta da Palavra, preparando-se na docilidade ao Espírito, instituindo um clima de recolhimento e sentindo-se comunidade com toda a Igreja.

As orientações da Igreja têm apresentado uma estrutura constituída de quatro passos principais (Leitura, Meditação, Oração e Contemplação) para bem desenvolver a leitura orante de modo individual ou em grupo, sendo possível adaptá-los ao momento e forma em que é realizado.

PACIFICAÇÃO INTERIOR

Buscar o silêncio para preparar-se para a oração, procurando uma posição confortável, que relaxe o corpo, desligando-se do que está ao redor.

INVOCAR O ESPÍRITO SANTO

Rezar a oração do Espírito Santo pedindo seu auxílio, para que possa compreender a Palavra. Em atitude de Fé, invoque o Espírito Santo, pois ele pode garantir a docilidade e a abertura interior para acolhimento e descoberta do sentido da Palavra de Deus hoje.

PEDIR PERDÃO A DEUS E TAMBÉM PERDOAR

Para falar com alguém é indispensável estar em paz. Estando em conflito fica difícil um encontro sereno. Por isso é preciso ter atitude de entrega e humildade pedindo a Deus seu perdão:

- ✓ Por tudo o que fez, se magoou ou prejudicou alguém.
- ✓ Pela dificuldade em perdoar àqueles que magoaram você, gostaria de perdoar e ainda não o fez.
- ✓ Por todas as atitudes que o levaram a sair do caminho do bem-viver e impedem de estar em paz consigo mesmo e com o próximo, colegas de trabalho, familiares...
- ✓ Peça ao Senhor que venha dar o seu perdão, concedendo-lhe paz.

■ CANTO

Escolher como cântico de meditação, um refrão ou mantra para cantar, murmurar ou pensar, preparando-se para acolher a Palavra.

■ LEITURA (VERDADE)

Este é o momento em que, após selecionado o texto do Evangelho, se faz uma Leitura atenta, calma e perseverante do Evangelho de Jesus Cristo.

Acolha a Palavra atento aos personagens, seus sentimentos e suas atitudes (o que diz o texto?). Contar para si o que leu, com suas palavras...

Meditação (Caminho)

Dedique um momento de silêncio recordando o que foi lido. Relembre palavras, fatos, pessoas do texto. Veja bem o sentido de cada frase procurando responder à pergunta: O que o texto diz para mim, hoje?

Este é o momento de ampliar a visão, começar a ver o mundo e a vida com os olhos de Deus. Como Jesus, pelo poder do Espírito, tenho algo a agradecer ao Pai. O que o texto me diz neste momento? O texto me fala da autêntica oração que supõe o reconhecimento de meus limites e da ação de Deus?

Oração (Vida)

- ✓ Leia de novo o texto, rezando o texto e respondendo a Deus pela oração.
- ✓ Reze o texto, atualizando a Palavra de Deus, ligando-a com a vida e refletindo: O que o texto me leva a dizer a Deus? Faça sua oração pessoal. Ofereça o seu trabalho do dia.

Contemplação (Vida e Missão)

- ✓ A partir de agora, a atenção se dirige à presença de Cristo na vida, em seu cotidiano, nas pessoas.
- ✓ Qual seu novo olhar a partir da Palavra?
- ✓ Vai olhar o mundo e a vida com os olhos de Deus. Vai viver seu dia com o coração agradecido ao Pai e na alegria de poder testemunhá-lo.

Formular um compromisso de vida

- ✓ Escolher um compromisso de vida a partir do que a Palavra tocou no seu coração.

Escolher e rezar um Salmo

Escolher uma frase do texto como resumo para vivenciar o que foi meditado

Oração final

- ✓ Encerre este momento com uma oração.

É importante compreender que a finalidade de rezar com a Palavra consiste em ouvir o que Deus quer nos dizer, aprofundar o sentido da vida, encontrar orientação para a vida, impulso para se dedicar à causa de Jesus em sua missão catequética. Ainda, o catequista participa da oração na dinâmica da dimensão celebrativa da liturgia como caminho de crescimento na fé, em que se realiza o diálogo filial, pessoal e comunitário com o Pai.

Vamos aprofundar?

✓ Leia a quarta parte – A oração cristã – do Catecismo da Igreja Católica.

✓ Anote as principais frases e dicas necessárias à sua identidade de ser catequista.

No desempenho de seu ministério o catequista precisa refugiar-se na oração, pois ela é parte de sua vida e geradora de transformação. Cada momento de oração é marcado por uma realidade que nos faz ser diferentes. O momento de oração é de encontro com Deus e com nossa realidade, sentimentos, esperanças, dores, projetos...

Nele nos encontramos com nossa intimidade, com tudo o que constitui o nosso ser. E, "No exercício da oração[...], tudo o que emerge em nós, e ao ser apresentado a Deus, tem a chance de ser acolhido por nós mesmos e, assim, também ser amado e transformado por Ele (GRÜN, 2001, p. 12).

Pare e pense

Qual é o melhor horário para minhas orações?

Como posso personalizar o meu espaço de oração, reflexão e estudo?

Que recursos posso e quero usar?

Agora que tal planejar seus momentos de oração, estudo e reflexão, durante o mês?

1.
2.
3.
4.
5.
6.
7.
8.
9.
10.
11.
12.
13.
14.

15.
16.
17.
18.
19.
20.
21.
22.
23.
24.
25.
26.
27.
28.

29.
30.
31.

Minha oração preferida

Anote a seguir a prece que você elaborou ou uma oração que você gosta de rezar.

O tempo de oração faz com que a nossa vida penetre na vida de Deus, gere intimidade com Ele e desperte à comunhão com os irmãos e ao cultivo de uma espiritualidade transformadora.

3

SER CATEQUISTA, EDUCADOR DA FÉ

O catequista é um educador da fé. Para exercer este ministério precisa ter feito a experiência de Deus em sua vida, ter domínio dos fundamentos da fé cristã, manter-se em estado de formação permanente, aperfeiçoando-se para que sua atuação catequética atenda a iniciação à vida cristã e a verdade do Evangelho possa resplandecer e ajudar os catequizandos, qualquer que seja a faixa etária, no processo de amadurecimento da fé.

O amor de Deus é personalizado e, como resposta a esse amor, o catequista assume o compromisso de anunciá-lo, vivendo a sua vocação e cumprindo a missão de ser sal e luz na comunidade com apaixonado ardor, nas diversas realidades em que estiver inserido. Contudo, somente tendo passado pela experiência, bebendo nas fontes vivas da fé e, com preparação adequada, o catequista terá repertório para comunicar e testemunhar a mensagem do Evangelho de modo coerente; por isso torna-se necessário o conhecimento da Sagrada Escritura, mas também dos dogmas da Igreja.

Vejamos o que nos propõe o Evangelho de Mt 5,13-16.

Naquele tempo,
Jesus ensinava os seus discípulos, dizendo:
"Vós sois o sal da terra.
Mas se o sal perder o gosto salgado,
como que se há de salgar?

*Já não servirá para nada,
apenas para ser jogado fora
e pisado pelas pessoas.
Vós sois a luz do mundo.
Não é possível esconder uma cidade
situada sobre um monte,
nem se acende uma lamparina
para se pôr debaixo de uma vasilha,
mas num candelabro,
para que ilumine todos os da casa.
É assim que deve brilhar vossa luz diante das pessoas,
para que vejam vossas boas obras
e glorifiquem vosso Pai que está nos céus".*

O texto do Evangelho nos ajuda a perceber que Jesus nos faz responsáveis pela vida das pessoas. Enquanto catequistas, o texto nos alerta para o discernimento. Nesse sentido, podemos entender que ser luz significa ser capaz de iluminar o caminho que leva ao encontro do Senhor, garantir o entendimento sobre o Evangelho e a doutrina cristã e assumir a missão da Igreja em nossa vida e na sociedade.

Ser sal, consiste em atribuir sabor, ou seja, ser catequista que em seu falar expressa sabedoria, mansidão e equilíbrio, falando aquilo que edifica as pessoas, ajudando-as a encontrar sentido para o que vivem e fazem.

Neste aspecto podemos considerar que ser sal e luz é parte da identidade do catequista que tem presente em sua prática e missão a dinâmica da Iniciação à Vida Cristã. Isto faz com que leve a Boa Notícia às pessoas, ajude-as a assumir seu compromisso batismal e a incorporar-se na comunidade para viver, celebrar e testemunhar o Evangelho.

O compromisso de educar na fé implica a adesão do catequista de ser discípulo missionário de Jesus e deve ser marcado pela conscientização de que se encontra unido a todos aqueles que esperam um mundo novo. Para tanto, em seu ministério, o catequista precisa ser capaz de dar testemunho através da própria vida.

Por meio do testemunho visível dos discípulos é que a humanidade pode revelar a presença e a ação do Deus invisível. Portanto, o catequista, ao se reconhecer discípulo, empenha-se no desenvolvimento de sua formação humana e cristã.

O amor de Deus é personalizado e, como resposta a esse amor, o catequista assume o compromisso de testemunhar Deus nas diversas realidades em que está inserido, sendo luz nas adversidades, atuando com estilo e sensibilidade de educador de homens e de vida, aos moldes da pedagogia de Jesus, o Mestre.

Ser catequista consiste em entregar-se apaixonadamente à missão, tornando-se acessível, capaz de ser reconhecido mais intimamente pela comunidade, animando a caminhada e colaborando com o Reino. Ao agir com tal disposição contribui com seus catequizandos e com a comunidade no reconhecimento de que Deus planejou e quer ser íntimo de seus filhos, amando-os e protegendo-os.

O amor de Deus é tão intenso para com a humanidade que enviou seu Filho Jesus para comunicar esse amor até as últimas consequências. Esse modo de amar, revelado por Jesus, deve motivar o catequista ao compromisso de testemunhar a sua ação evangelizadora por meio de sua vida, anunciando que guardar a Palavra de Deus, os mandamentos, permanecer com Ele no Pai e no Espírito Santo é compromisso de todo cristão.

Todos os fiéis de Cristo são chamados a transmitir de geração em geração o Evangelho, anunciando a fé, vivendo na partilha fraterna e celebrando na liturgia e na oração. Jesus orientou seus discípulos com atitude de acolhida, compreensão e valorização das pessoas. Foi ponto alto a entrega pessoal de Jesus.

A catequese de inspiração catecumenal, a exemplo dos primeiros séculos do cristianismo, entende como conteúdo essencial do primeiro anúncio a vida de Jesus de Nazaré, sua pessoa, sua mensagem, sua missão, morte e ressurreição. Por aí passa a formação do discipulado. Ao longo do itinerário catecumenal há uma linha de princípios, um conjunto de práticas litúrgicas e uma convivência comunitária.

O mundo tornou-se diferente, exigindo novos processos para a transmissão da fé e para o discipulado missionário, por isso há a necessidade de aprofundar e experienciar essa catequese com inspiração catecumenal, fazendo a experiência de Iniciação à Vida Cristã para poder dinamizar a ação catequética.

Para *ser catequista* educador da fé, é necessário beber das fontes da Palavra, da Eucaristia e da Caridade, mas também aprofundar o conhecimento e a experiência refletindo sobre a Sagrada Tradição e o Magistério da Igreja. Portanto torna-se necessária a meditação dos itens seguintes, mas também buscar o aprofundamento no Catecismo da Igreja Católica para que, com disponibilidade e sem temor, realizar o trabalho que o nosso tempo exige, prosseguindo assim o caminho que a Igreja percorre há mais de dois mil anos.

Ser catequista envolve algumas atitudes:

■ **ANUNCIAR JESUS**

É compromisso cristão do catequista:

✓ Apresentar Jesus Cristo, sua vida e seu mistério, e a fé cristã como seguimento de sua pessoa.

- ✓ Revelar Jesus Cristo sempre no interior do mistério trinitário: Jesus Cristo é inseparável do Pai e do Espírito Santo.
- ✓ Garantir o entendimento de que toda vez que celebramos a Eucaristia, atualizamos, tornamos presente o que Jesus fez para nos salvar.

■ SER MISSIONÁRIO

O catequista tem atitude missionária quando:

- ✓ Prepara cristãos adultos na fé e testemunhas maduras da mensagem evangélica e, quando através de uma visão universal de salvação, ajuda o ser humano a alcançar a plenitude de espírito de comunhão que o leva a compartilhar, com outras pessoas, os bens do Reino.
- ✓ Concede maior relevo à **Trindade** como origem, modelo e meta da missão. Evidencia mais o **Cristo**, como enviado do Pai, e aquele que envia a Igreja.
- ✓ Apresenta aos catequizandos o **Caminho percorrido** pela comunidade cristã ao longo dos séculos, assim como as grandes figuras missionárias que evangelizaram os diversos continentes.
- ✓ É capaz de educar ao *ecumenismo e ao diálogo inter-religioso*, sublinhando mais o que une do que aquilo que divide.
- ✓ Evidencia constantemente a exigência e a força insubstituível do **testemunho**, pois o anúncio pode ser desmentido pelo comportamento.
- ✓ Destaca a *teologia do Reino* com valores a serem edificados e que preanunciam céus novos e terras novas para todos os povos.
- ✓ Promove *novas formas de cooperação* que ajudem comunidades vizinhas mais carentes, como sinal de consciência missionária madura e como fator pedagógico para toda a comunidade.

Ser discípulo missionário exige claramente uma abertura à forte renovação humana e social. Isto exige do catequista um olhar especial à realidade para contribuir com seu conhecimento e testemunho na solução dos graves problemas contemporâneos, com atenção carinhosa às dimensões universais da humanidade e da fé.

A identidade e a vocação de ser catequista compreendem anunciar e transmitir o Evangelho, celebrar a vida nos sacramentos e assumir os compromissos com a transformação da sociedade e com a evangelização do mundo inteiro. Nesta perspectiva o catequista, juntamente com seu grupo e toda a comunidade, pode proporcionar condições para a formação de cristãos que sejam luz do mundo, sal da terra e fermento na massa, desde que toda ação esteja encarnada na Palavra de Deus e na vida do povo de Deus.

A construção de uma sociedade justa, fraterna, solidária e pacífica à luz do Evangelho é também promovida pela atitude missionária que configura uma das dimensões do compromisso de ser catequista.

■ CUMPRIR DEVERES (MANDAMENTOS)

No contexto do êxodo, o Decálogo é um caminho de vida. Deve ser entendido como o grande acontecimento libertador de Deus no centro da Antiga Aliança. As dez expressões indicam as condições de uma vida liberta da escravidão do pecado. Eles concebem uma escolha positiva daqueles que aspiram a um mundo fraterno, exigindo abnegação e atenção pessoal. Apresentam muito bem os conceitos, apontando à humanidade o caminho do bem e do mal.

> **AMARÁS O SENHOR TEU DEUS (Dt 6,1-7)**
>
> **Moisés falou ao povo, dizendo:**
> Este é o mandamento, estas são as leis e os decretos
> que o Senhor vosso Deus mandou ensinar-vos,
> para que os cumprais na terra em que ides entrar
> para dela tomar posse.
> Assim temerás o SENHOR teu Deus
> e observarás durante toda a vida
> todas as leis e mandamentos que te ordeno a ti,
> como a teus filhos e netos, a fim de que vivas longos anos.
> Escuta, pois, Israel, e cuida de os pôr em prática,
> para seres feliz e te multiplicares sempre mais,
> segundo o que disse o SENHOR,
> o Deus de teus pais, na terra onde corre leite e mel.
> Ouve, Israel!
> O SENHOR nosso Deus é o único SENHOR.
> Amarás o SENHOR teu Deus com todo o coração,
> com toda a alma, com todas as forças.
> E trarás no teu coração todas estas palavras
> que hoje te ordeno.
> Tu as repetirás muitas vezes a teus filhos
> e delas falarás quando estiveres sentado em casa
> ou andando pelos caminhos,
> quando deitares ou te levantares.
> Hás de prendê-las à tua mão para servirem de sinal;
> tu as colocarás como faixa entre os olhos
> e as escreverás nos umbrais da tua casa
> e nos portões de tua cidade.

Os Dez Mandamentos foram transmitidos no Livro do Êxodo e no do Deuteronômio. Desde o Antigo Testamento os livros sagrados se referem a essas expressões, pois nenhuma sociedade pode viver sem princípios. Os mandamentos que orientaram o povo hebreu, santificando-o, em Jesus Cristo, na Nova Aliança, é revelado o seu sentido pleno, *"Portanto, sede perfeitos como vosso Pai celeste é perfeito" (Mt 5,48).*

Os mandamentos são acolhidos à medida que o cristão prudente escuta a consciência moral, e pode ouvir a Deus que fala, pois Cristo não destruiu os preceitos do povo hebreu, mas os aprimorou; simplificando os Dez Mandamentos, que adquirem forma proibitiva, em dois, de conteúdo inteiramente positivo: *"Amarás o Senhor teu Deus de todo o coração, com toda a alma e com toda a mente. Amarás o próximo como a ti mesmo"(Cf. Mt 22,37.39).*

Presente no coração da pessoa, a consciência moral impõe ao cristão fazer o bem e evitar o mal. A Lei de Deus confiada à Igreja é ensinada ao povo como caminho de vida e verdade, e orienta o cristão na relação consigo mesmo, na convivência com os outros e com Deus, pois favorecem a consciência de se colocar em situação de diálogo, assumindo plenamente as consequências de todos os atos humanos. Iluminada pelo Ex 20,2-17 e Dt 5,6-21, a Igreja propõe esta fórmula catequética:

1 - Amar a Deus sobre todas as coisas.

2 - Não tomar seu santo nome em vão.

3 - Guardar domingos e festas de guarda.

4 - Honrar Pai e Mãe.

5 - Não matar.

6 - Não pecar contra a castidade.

7 - Não furtar.

8 - Não levantar falso testemunho.

9 - Não desejar a mulher do próximo.

10 - Não cobiçar as coisas alheias.

Portanto, os fiéis têm o direito a serem instruídos nos preceitos divinos salvíficos que purificam o juízo e, com a graça, curam a razão humana ferida.

Os mandamentos são princípios essenciais ao testemunho do ser catequista. São eles que favorecem à formação de valores e ao exercício de uma condução ética capaz de respeito e amor. São os mandamentos balizadores nas relações que contribuem na manutenção do diálogo, comunicação, liberdade e respeito. Ao exercitá-los o catequista educa e inspira seus catequizandos a melhorar a sua vida e o relacionamento com seu próximo.

■ VALORIZAR OS MEIOS QUE DEUS DÁ (SACRAMENTOS)

Sacramentos são sinais do amor de Deus para com a humanidade. Eles são o próprio Deus presente nesses sinais, pois a hóstia consagrada não é só sinal da presença de Cristo: é o próprio Cristo. Esta realidade acontece também com os demais sacramentos.

O próprio Deus vem em nosso socorro, sempre através de Jesus Cristo, dando a força necessária, este auxílio, chamado "graça", e distribuído pela Igreja através dos sacramentos da iniciação cristã, dos sacramentos da cura e dos sacramentos do serviço.

Os sacramentos da iniciação cristã, numa unidade indissolúvel, expressam a unidade da obra trinitária na vida cristã, pois o Batismo nos torna filhos do Pai, a Confirmação nos unge com a unção do Espírito e a Eucaristia nos alimenta com o Corpo de Cristo.

Pelos sacramentos da iniciação cristã, o ser humano recebe a vida nova de Cristo, mas esta nova vida de filhos de Deus pode ficar fragilizada pelo pecado. Jesus não só tem poder de curar, mas também de perdoar os pecados. É esta a finalidade dos dois sacramentos de cura: o Sacramento da Penitência e o Sacramento da Unção dos Enfermos.

Para a efetivação da evangelização são necessários recursos humanos, isto é, os sacramentos do Serviço, do Matrimônio e da Ordem, que permitem às pessoas um contato vivo e pessoal com Jesus Cristo, mergulhando nas riquezas do Evangelho, com mudança de atitudes, e iniciando a verdadeira e a eficaz vida da comunidade cristã e plena participação da vida divina.

Na vocação de ser catequista os sacramentos celebrados são experiência da fé que se renova ao sentir em si a presença divina. A experiência de vivenciar os sacramentos é parte da vida do catequista que deles participa e que ajuda seus catequizandos a perceberem a presença de Jesus que continua vivo no meio de nós, a ajudá-los a entenderem os valores cristãos celebrados em cada sacramento e a reconhecerem a beleza de viver e professar a fé em comunidade, confirmando-a no dia a dia.

Atualmente a Igreja, corpo místico de Cristo, resgata o processo de catequese com inspiração catecumenal e propõe a Iniciação à Vida Cristã como um método de evangelização, de interação entre vida e fé, de engajamento na vida comunitária, de fraternidade cristã e de participação na missão eclesial.

■ CONHECER A SAGRADA TRADIÇÃO

> O que ouvimos e aprendemos, o que os pais nos contaram, não o ocultaremos aos seus descendentes, mas o transmitiremos à geração seguinte: os feitos gloriosos do SENHOR, seu poder e as maravilhas que fez (Sl 78(77),3-4).

Sagrada Tradição é a transmissão integral da Palavra de Deus confiada por Jesus Cristo e pelo Espírito Santo aos sucessores dos apóstolos, pois Deus quer que todas as pessoas se salvem e tomem conhecimento da verdade, que é Cristo Jesus. É preciso que Ele seja anunciado a todo ser humano, em todos os lugares, chegando a Revelação aos confins da Terra: "Deus dispôs amorosamente que permanecesse íntegro e fosse transmitido a todas as gerações tudo quanto tinha revelado para salvação de todos os povos" (cf DV, n. 7).

A Tradição tem sua origem no povo de Israel, chega à plenitude em Jesus Cristo e continua sempre atualizada para os fiéis. A humanidade experimentou, consolidou e transmitiu experiências, fórmulas de fé, costumes, conhecimentos, cultos, pois Jesus Cristo, em quem toda a revelação do Deus Pai se consuma, tendo cumprido e divulgado pessoalmente o Evangelho anunciado pelos profetas, decretou aos apóstolos que o pregassem a todas as pessoas, como manancial da verdade salutar e disciplinada de costumes, comunicando-lhes assim os dons divinos.

A divulgação do Evangelho ocorreu de duas formas: *oralmente*, através dos apóstolos, que, em sua pregação e exemplo de vida, transmitiam a experiência recebida do próprio Cristo e o que tinham aprendido por inspiração do Espírito Santo; *por escrito*, através dos apóstolos e autores sagrados que, sob a inspiração do mesmo Espírito Santo, escreveram a mensagem da salvação.

Para que o Evangelho se mantivesse conservado, íntegro e vivo na Igreja, os apóstolos deixaram os bispos como seus sucessores. Oferecendo-lhes o próprio ofício do magistério, a pregação apostólica, que se manifesta especialmente nos livros inspirados, devia conservar-se por uma sucessão ininterrupta, até a consumação dos tempos.

Pare e pense

Quando é que eu, catequista, impulsionado pelo Espírito Santo, vivo e atualizo a Sagrada Tradição, enriqueço-a com minha contribuição aos catecúmenos/catequizandos?

■ ESTABELECER A RELAÇÃO ENTRE A SAGRADA TRADIÇÃO E A SAGRADA ESCRITURA

A transmissão viva, realizada no Espírito Santo, denomina-se Sagrada Tradição, distinta da Sagrada Escritura, embora estreitamente ligada a ela. Pela Sagrada Tradição, a Igreja, na sua doutrina, vida e culto, perpetua e transmite às novas gerações tudo aquilo que ela é e tudo em que acredita. As declarações dos santos padres testemunham a presença vivificadora desta Sagrada Tradição, cuja riqueza entra na prática e na vida da Igreja.

Assim, a comunicação que o Pai fez de si próprio, pelo seu Verbo, no Espírito Santo, continua presente e ativa na Igreja. Deus, que outrora falou, dialoga sem interrupção com a esposa do seu amado Filho e o Espírito Santo, por quem ressoa a voz do Evangelho na Igreja. Já a Igreja introduz os fiéis na verdade plena e faz com que a Palavra neles habite em toda a sua riqueza.

Sendo uma fonte comum, a Sagrada Tradição e a Sagrada Escritura estão profundamente unidas e compenetradas entre si. Com efeito, derivando ambas da mesma fonte divina, estabelecem a unidade e tendem à mesma finalidade. O Mistério de Cristo, que prometeu estar com os seus, torna-se presente e fecundo na Igreja.

São duas formas de transmissão, a *Sagrada Escritura* é a Palavra de Deus, escrita por inspiração do Espírito divino. Já a *Sagrada Tradição*, por sua vez, conserva a Palavra de Deus, confiada por Cristo Senhor e pelo Espírito Santo aos apóstolos, e transmite-a integralmente aos seus sucessores, para que eles, com a luz do Espírito da verdade, fielmente a conservem, exponham e difundam na sua pregação.

Daí resulta que a Igreja, a quem está confiada a transmissão e interpretação da Revelação, não tira só da Sagrada Escritura a sua certeza a respeito de todas as coisas reveladas, mas ambas devem ser recebidas e veneradas com igual espírito de piedade e reverência.

A tradição apostólica e as tradições eclesiais são distintas, pois a Sagrada Tradição, de que falamos aqui, é a que vem dos apóstolos. Ela comunica o que estes receberam do ensino e do exemplo de Jesus e aprenderam pelo Espírito Santo. A primeira geração de cristãos não tinha ainda um Novo Testamento escrito, e o próprio Novo Testamento testemunha o processo da Tradição viva.

É preciso distinguir a Sagrada Tradição das tradições teológicas, disciplinares, litúrgicas ou devocionais, nascidas no decorrer do tempo, nas Igrejas locais. Elas constituem formas particulares, sob as quais a grande Tradição recebe expressões adaptadas aos diversos lugares e às diferentes épocas. É a sua luz de que estas podem ser mantidas, modificadas e até abandonadas, sob a direção do Magistério da Igreja.

Compete ao catequista saber fazer as conexões, em sua prática, da relação entre Sagrada Escritura como verdade revelada por Deus e a Sagrada

Tradição como os pilares vindos dos apóstolos, que contribuem para ajudar os catequizandos/catecúmenos a crescer e amadurecer na fé, como também compreender o que é a Igreja, tudo o que ela é, tudo o que crê (cf. DV, n. 8; CIgC, n. 78).

■ TER A BÍBLIA COMO REFERÊNCIA NA VIDA DE SER CATEQUISTA

> Na verdade, não foi com base em fábulas sofisticadas que vos demos a conhecer o poder e a vinda de nosso Senhor Jesus Cristo, mas como testemunhas oculares de sua majestade. Recebeu de Deus Pai a honra e a glória, quando da glória magnífica se fez ouvir a voz que dizia: "Este é o meu Filho amado, de quem eu me agrado". E esta voz, que veio do céu, nós a ouvimos quando estávamos com ele no monte santo. (2Pd 1,16-18)

Logo que o Concílio Ecumênico Vaticano II resgatou a Palavra de Deus do exílio a que esteve submetida nos séculos anteriores e incentivou o seu acesso a todos os cristãos católicos, a catequese readquiriu seu compromisso mais profundo, seu novo procedimento, passando da doutrina à mensagem, do ensinamento ao anúncio, do catecismo à catequese.

A estreita afinidade entre a Palavra de Deus e a experiência religiosa proporcionou vincular a catequese à estrutura básica da experiência de fé, e a Bíblia passou a ser o principal instrumento na vida de catequista.

Motivada pela plenitude da Revelação, a catequese recebe, interioriza, vive a Palavra de Deus, depois transmite a narração da História da Salvação unida à comunidade, que revela a fecundidade da fé.

A Sagrada Escritura alimenta o compromisso do catequista, ajudando-o a formar seu quadro de referência a serviço da educação de uma fé esclarecida e engajada pelo uso da Bíblia, a buscar métodos que venham a formar comunidade de fé e construção de uma sociedade mais fraterna e igualitária.

A Palavra de Deus ilumina a vida e a catequese e ajuda a ver com os olhos de Deus, valorizando fatos e acontecimentos, enquanto o Espírito age de tal modo na comunidade que o dom da comunhão e o empenho na missão se aprofundam cada vez mais, e são vividos de modo mais intenso (cf. DGC, n. 70).

Nela o catequista encontra em várias passagens com orientações de Jesus aos discípulos, para continuidade de sua missão e propostas de como seus seguidores poderiam anunciar a Palavra pelo mundo.

É pela intimidade com a Sagrada Escritura que o catequista constrói seu cabedal de informações e experiências que estruturam a sua ação pastoral. A Bíblia é a fonte que orienta o seu ser e agir, que fortalece e transforma a sua vida e conduz ao caminho que integra fé e vida, testemunhando que em sua vida a Palavra ocupa papel essencial no exercício de seu ministério.

> **Pare e pense**

Que papel a Palavra ocupa em minha vida para que possa exercer dignamente o ministério sendo presença autêntica entre vida e fé?

Estou sendo realmente testemunha viva da Palavra de Deus aos catecúmenos, catequizandos e comunidade?

- **COMPREENDER AS VERDADES DE CRER**

Submetida a Deus a nossa inteligência pela virtude da fé, CREIO, porque Deus disse, porque Deus revelou e sem Deus o cristão nada pode fazer.

Creio

A Deus Pai, a criação (Art. 1º)

Art. 1º Em Deus, Pai todo-poderoso, criador do céu e da Terra;

A Deus Filho, a Encarnação e Redenção (Art. 2º, 3º, 4º, 5º, 6º, 7º)

Art. 2º e em Jesus Cristo, seu único Filho, nosso Senhor;

Art. 3º que foi concebido pelo poder do Espírito Santo, nasceu da Virgem Maria,

Art. 4º padeceu sob Pôncio Pilatos, foi crucificado, morto e sepultado;

Art. 5º desceu à mansão dos mortos, ressuscitou ao terceiro dia;

Art. 6º subiu aos céus, está sentado à direita de Deus Pai todo-poderoso,

Art. 7º de onde há de vir a julgar os vivos e os mortos.

A Deus Espírito Santo, a Santificação (Art. 8º, 9º, 10, 11, 12)

Art. 8º Creio no Espírito Santo,

Art. 9º na santa Igreja Católica, na comunhão dos Santos,

Art. 10 na remissão dos pecados,

Art. 11 na ressurreição da carne,

Art. 12 na vida eterna. Amém.

A palavra CREIO está destacada porque rege cada um dos doze artigos.

A profissão de fé é uma manifestação de confiança posta em Deus. Creio porque Deus me revelou e torna-se fé divina, podendo crescer e frutificar pelo exercício da oração e pelos sacramentos. O creio abarca toda a história da salvação, o que faz de seus artigos um caminho de formação doutrinal.

Ao compreendê-lo e professá-lo manifesta-se a identidade do compromisso cristão que consiste em anunciar a vontade de servir a Deus e aos irmãos. Com isso expressa que o amor a Deus e ao próximo é o principio de seu ser e do seu agir (cf. DGC, n. 89).

A interiorização do conteúdo da profissão de fé, o CREIO, acontece gradativamente e à medida que é memorizada e compreendida, tornando-se para o catequista fonte da vida cristã que mobiliza o processo permanente de conversão na qual "A profissão de fé batismal coloca-se como fundamento de um edifício espiritual destinado a crescer" (DGC, n. 56).

Professar a fé para o catequista é assumir o chamado e ter a coragem de manifestar publicamente o amor a Deus que alimenta a sua vida de fé, por meio da participação na comunidade cristã. Assim o catequista transmite e testemunha a fé que vive e celebra, de modo ativo junto aos seus catequizandos, tornando a profissão de fé parte essencial à educação cristã integral.

■ ASSUMIR NO SEU JEITO DE SER CATEQUISTA A MISSÃO PROFÉTICA DA IGREJA

> Antes mesmo de te formar no ventre materno, eu te conheci; antes que nascesses, eu te consagrei e te constituí profeta para as nações. (Jr 1,5)

A missão profética da Igreja consiste em apresentar o Reino a partir do testemunho de vida cristã que edifique o homem novo e a nova humanidade.

O catequista testemunha a fé e a atitude cristã que nascem da experiência transformadora do verdadeiro encontro pessoal com Jesus Cristo. Como verdadeiro discípulo missionário leva a Boa notícia àqueles que ainda não tiveram a oportunidade de fazer a experiência com Deus, e sai de si para reconhecer no outro o Jesus encarnado e, nas realidades, a Jerusalém.

Como todo cristão o catequista participa da compreensão e da transmissão da verdade revelada. Recebe a unção do Espírito Santo que instrui e conduz à verdade absoluta. Acredita e revela este precioso bem por meio do forte sentimento da fé e pela atitude de amor com o diferente.

O catequista assume a missão profética da Igreja quando, sob a direção do Magistério, adere fervorosamente à fé, assimila-a profundamente com consciência e aplica-a inteiramente na vida. Pela grandeza interior com que trata as coisas espirituais, pela contemplação e particularmente pela investigação teológica, que aprofunda o conhecimento da verdade revelada, o catequista experimenta a Palavra e cresce à medida que lê, estuda, reflete e aprofunda as verdades reveladas na Sagrada Escritura como também aprimora a sua pertença como membro da Igreja ao buscar conhecer e compreender o sentido e significados das orientações provenientes da Sagrada Tradição e do Magistério da Igreja.

Pare e pense

Como assumo na catequese a missão profética da Igreja?

O conhecimento que tenho sobre o que diz a Sagrada Escritura, a Tradição da Igreja e o Magistério da Igreja, são os essenciais para assumir a minha missão profética junto aos meus catequizandos? O que preciso fazer para me aprimorar neste sentido?

Estou proporcionando aos catecúmenos e catequizandos a experiência com Deus hoje?

■ CUIDAR E APERFEIÇOAR A VIDA ESPIRITUAL (OBRAS DE MISERICÓRDIA)

A vida da alma se aperfeiçoa com o pleno desenvolvimento das virtudes sob o impulso sobrenatural da graça de Deus. Portanto a vida plena da alma é a vida da graça em nós.

As virtudes são um dom espiritual, uma qualidade, uma aptidão, uma capacidade que Deus coloca na alma. As virtudes teologais e cardeais são essenciais à vida espiritual. Praticá-las contribui para promover e inspirar à vida cristã.

São *virtudes teologais* a **fé**, a **esperança** e a **caridade** e são *virtudes cardeais*, também conhecidas como virtudes morais, aperfeiçoando a vontade e a sensibilidade, a **prudência**, a **justiça**, a **fortaleza** e a **temperança**.

A fé é revelada pela inclinação misericordiosa de Deus àqueles que quiserem e pedirem. Na catequese, o exercício da Leitura Orante da Bíblia transforma o ato de fé pessoal em certeza, e a mais forte certeza é a Fé que atrai a Esperança, e daí nasce a Caridade e o Amor, ato que põe em ação a construção de vida comunitária.

Na vida do catequista, o exercício das virtudes teologais e das virtudes cardeais fortalece a espiritualidade do seguimento a Jesus, à medida que se educa ao cultivo do verdadeiro amor. Exercitar essas virtudes na dinâmica da prática catequética consolida junto aos catequizandos um modo de ser, necessário para despertar a sensibilidade e amor ao próximo, como também possibilita mostrar que há um ponto de referência diferente para nosso agir: o amor de Deus que nos move, flui em nós, nos envolve.

As **obras de misericórdia** ou **atos de misericórdia** são ações e práticas que se esperam de todos os cristãos. Essa prática é normalmente atribuída à Igreja Católica como um ato tanto de penitência quanto de caridade. Estas ações deverão ser realizadas por cristãos à medida que for possível. Elas são tradicionalmente divididas em duas categorias, com sete elementos cada. As **obras de misericórdia corporal** dizem respeito às necessidades materiais e corporais do outro. Em Mt 25,34-40, seis obras específicas são enumeradas, embora esta não seja uma lista precisa. A última obra de misericórdia, sepultar os mortos, vem do Livro de Tobias (1,17; 2,3-8).

- ✓ Dar de comer a que tem fome;
- ✓ Dar de beber a quem tem sede;
- ✓ Dar moradia aos desabrigados;
- ✓ Vestir os maltrapilhos;
- ✓ Visitar os doentes;
- ✓ Visitar os prisioneiros e
- ✓ Sepultar os mortos.

Já as **obras de misericórdia espiritual** dizem respeito às necessidades relacionadas às motivações, sentimentos e pensamentos do ser humano em relação a si mesmo, ao próximo e a Deus. Assim como as obras de misericórdia corporal são direcionadas para aliviar o sofrimento e atender às necessidades do corpo, as obras de misericórdia espiritual devem aliviar o sofrimento que envolve a ausência e fragilidade acerca do conhecimento de si mesmo, de seus desejos e interesses próprios. O Catecismo da Igreja Católica n. 2447, assim enumera as obras de misericórdia espiritual:

- ✓ Instruir;
- ✓ Aconselhar;
- ✓ Consolar;
- ✓ Confortar;
- ✓ Perdoar e
- ✓ Suportar com paciência.

Ao realizar a missão de catequista é importante refletir sobre as obras de misericórdia espiritual observando atentamente para que em sua vida e ação catequética esteja presente a compreensão de que: **instruir** seja mais do que transmitir conhecimentos, mas seja ensinar e despertar à vivência dos valores do Evangelho e haja uma postura ética e moral; **aconselhar** seja uma de suas habilidades, de orientar na compreensão e discernimento acerca dos acontecimentos e fatos da vida, à luz dos ensinamentos do Mestre Jesus; **consolar** seja uma atitude de cuidar do próximo, dos seus catequizandos e familiares com palavras afetivas, gestos de atenção, escuta cuidadosa para ajudá-los a aliviar ou diminuir a dor e sofrimento diante de uma perda, uma ausência, falta de compreensão, de um sentimento mal vivido... Tendo nesses e em outros momentos um agir solidário ao sentimento e situação do outro; **confortar** implica ser apoio nos momentos de angústia, tristeza, procurando incentivar e motivar a renovar as esperanças, ser presença; **perdoar** requer a capacidadede de esquecer o que nos fere, as injustiças vividas, abrir-se para reconhecer que somos frágeis e precisamos dar oportunidades para nós e aos outros para construir novo jeito de ser e agir, à luz do Espírito Santo, propiciando uma convivência fraterna; **suportar** com paciência requer saber administrar com fraternal compreensão as fragilidades das pessoas que estão próximas de nós, sem no entanto deixar de orientá-las para que possam mudar, ajudando-as a superar as suas limitações.

As obras da misericórdia são sustento para nossa fé. Sem elas o testemunho de ser catequista se torna vazio. As obras de misericórdia aperfeiçoam a convivência humana, dando vida à nossa fé, exercitá-las capacita o catequista para santificar a vida ao dedicar-se às pessoas como irmãs em Cristo.

Fazer a experiência de praticar as obras da misericórdia é agir como instrumento da presença do sagrado deixando que o Senhor direcione a nossa vida para criar com Ele encontros de transformação que renova e purifica o existir.

■ SER LUZ NUM MUNDO EM TRANSFORMAÇÃO

> Como são bem-vindos sobre os montes os passos do mensageiro da boa-nova, que anuncia a paz, que traz uma mensagem de bem, que proclama a salvação. (Is 52,7)

A catequese é a luz atualizada da Palavra de Deus, sempre fiel ao conteúdo do anúncio e ao caminho percorrido por este anúncio. Ao anunciar Jesus Cristo, o catequista deverá estar atento ao caminho da encarnação, do mergulho na vida das pessoas, grupos e povos.

Segundo o Catecismo da Igreja Católica, n. 95, a Sagrada Tradição, a Sagrada Escritura e o Magistério da Igreja estão de tal modo entrelaçados e unidos que um não tem consistência sem os outros, e que juntos, cada qual a seu modo, sob a ação do mesmo Espírito Santo, contribuem eficazmente para a Salvação.

Portanto ser catequista luz no mundo requer dedicação, muito estudo, reflexão e oração, para que, tendo conquistado o conhecimento da salvação, possa oferecer aos seus interlocutores um conhecimento da mensagem cristã articulada à experiência humana e suscitar ações evangélico-transformadoras.

Ser catequista mensageiro do Senhor é ser educador da fé, luz que ilumina o caminho a seguir e realizar a adesão a Deus e a Jesus Cristo.

Pare e pense

Que compromisso amoroso eu posso assumir para testemunhar o amor de Deus presente em meu ser catequista – educador da fé? Escreva-o.

4

PROJETO DE VIDA E A FORMAÇÃO DE SER CATEQUISTA

Para sair em missão, o catequista necessita de um planejamento mínimo e de informações básicas para gerenciar sua ação evangelizadora. Portanto é fundamental o conhecimento de projeto de vida e de formação de ser catequista, constituindo pessoalmente ou com a comunidade um itinerário dentro dos princípios da Iniciação à Vida Cristã.

Projeto de vida é a atitude madura de tomar decisões a partir do reconhecimento do próprio "eu", da capacidade de aproveitar a liberdade de que dispõe e construir meta para si mesmo, aproveitando as oportunidades para ser feliz.

Exige organização na escolha dos valores e dos princípios, e clareza no que quer ser e fazer na vida. Na dinâmica da vida e ao assumir ser catequista é importante considerar que o projeto de vida contempla as dimensões:

■ PESSOAL

> *"Eu te fiz luz das nações, para seres a salvação até os confins da terra."*
> (At 13,47)

Um projeto de vida pessoal maduro pode ajudar muito no desenvolvimento físico, emocional, intelectual e espiritual, proporcionando satisfação pessoal, boa convivência e é construído cotidianamente.

Um projeto de vida pessoal se torna fundamental para gerenciar o modo de ser e agir diante de situações novas e de posicionamento diante das oportunidades que vão surgindo, tendo por premissa olhar a realidade e nela atuar tendo como referencial dos valores cristãos.

O projeto pessoal permite o reconhecimento de poder transformar a si mesmo e aos ambientes, sendo luz nos lugares frequentados.

■ COMUNITÁRIO

> *"Peço em minha oração que vosso amor cresça cada vez mais em compreensão e conhecimento."* (Fl 1,9)

A qualidade de vida pessoal fortalece a vida comunitária fraterna. O bem-estar pessoal está ligado ao bem coletivo.

Se cada um permitir que o amor de Deus seja a fonte de crescimento, terá ao seu redor cada vez mais compreensão e vai perceber que a construção de uma vida fraterna, vivida em comunidade, está fortemente ligada ao aprimoramento de uma dimensão pessoal de quem é capaz de inspirar-se no conjunto de saberes disponíveis na Palavra de Deus, que ao serem associados às outras ciências, permitem um discernimento eficaz para promover ações evangélico-transformadoras.

■ CATEQUÉTICO

> *"Pois meus pensamentos não são os vossos pensamentos, e os vossos caminhos não são os meus caminhos."* (Is 55,8)

O compromisso catequético, para gerar ação, exige clareza constante de conversão pessoal, mediada pelo diálogo com a própria existência e com Deus.

Um projeto de vida catequético solicita disposição de oferecer a Deus um tempo do tempo que Deus nos dá, tendo a compreensão e o conhecimento de que amar o próximo é fortalecer a vida fraterna e solidária.

Assumida a vontade de Deus como a melhor opção de vida, e reconhecida a importância pessoal de ser luz nos ambientes de convivência, torna o catequista discípulo missionário, uma pessoa feliz, mesmo diante das dificuldades.

O reconhecimento de que os pensamentos e os caminhos de Deus não são humanos, permite ao catequista oferecer seu tempo e serviço à missão catequética aberto ao mistério divino.

Ao idealizar ou revisar o projeto de vida é essencial pensar sobre algumas questões:

- ✓ O que desejo é o melhor para mim?
- ✓ O que desejo fazer é adequado ao contexto do que faço?
- ✓ Tudo o que pretendo realizar está de acordo com os meus valores e crença pessoal?

Complete os espaços, reconhecendo seus propósitos pessoais:

- ✓ Que passos são necessários para realizar os meus propósitos?

- ✓ O que preciso fazer para atingir meus objetivos de ser catequista?

- ✓ Que recursos preciso dispor para alcançar meus objetivos?

- ✓ Quem participará comigo nessa jornada?

Ao pensar o seu projeto de vida como resposta a Deus pela riqueza de vida pessoal, comunitária e catequética, complete:

a) vou fazer de imediato

b) vou fazer a curto prazo

c) vou fazer a longo prazo

Para alcançar resultado no projeto de vida, o ministério de ser catequista requer muito cuidado com a formação. Isto porque é um colaborador da Igreja e de Deus, junto àqueles que são confiados aos seus cuidados.

Vamos refletir um pouco sobre isso a partir da leitura do Evangelho de Lc 16,1-9.

- ✓ O administrador estava dissipando os bens do patrão e este o chamou para esclarecimentos.
- ✓ Nos versículos 10 a 12 aborda-se o fato de que não se pode ser fiel nas grandes coisas, quando se é negligente nas pequenas.

O catequista pode ser comparado ao administrador. Após cada encontro precisa considerar o que pode dizer sobre a sua tarefa na catequese junto aos seus catequizandos. Seu dever é fazer com que Jesus e seu Evangelho sejam conhecidos e amados, é promover a experiência de encontro com o Senhor, é garantir que saibam dar a razão de sua fé, se reconheçam seguidores de Jesus e membros da Igreja. É preparar os discípulos missionários para o testemunho na sociedade.

Podemos dizer que este é o trabalho que a Igreja espera de seus catequistas, que Deus lhes confia como administradores da evangelização. Para tanto, requer do catequista conhecer a mensagem de Jesus, as Sagradas Escrituras, os documentos da Igreja, a doutrina e saiba associá-las à sua vivência cristã. É válido observar que sem conjugar os saberes à vivência, corre-se o risco de negligenciar o seu ministério e oferecer uma catequese vazia de sentido e significado.

Nesta perspectiva se faz necessário um olhar atento à sua formação. Neste campo cabe observar que o catequista não precisa saber tudo, mas é essencial que conheça o que o irá transmitir, que esteja disposto a participar das formações de aperfeiçoamento que são oferecidas pela comunidade, paróquia e diocese. Estas lhe garantirão segurança para agir, para educar na fé.

É importante que o catequista esteja ciente de que, para formar, precisa formar-se. Para formar-se é preciso disciplina e dedicação, um tempo para ler e reunir as ferramentas para renovar o seu estilo de catequizar. Mas é preciso não perder de vista que o saber do catequista está associado ao seu ser, ou seja, que o conhecimento e o discurso permitam ao catequizando identificar coerência entre as palavras e ações. Portanto, é preciso haver sintonia entre o que transmite e vive.

Ao pensar em seu aperfeiçoamento, há que considerar a infinidade de ofertas de informações. Destas é preciso saber selecionar o essencial. Neste sentido é importante compreender que as informações podem ser obtidas em partes menores, fracionadas, e rapidamente absorvidas. No entanto, há conteúdos que exigem maior concentração e dedicação; a isso chamamos de aprofundamento e efetiva formação. Portanto, ao pensar em organizar o seu itinerário formativo catequético é preciso considerar tempo para dedicar-se.

Pare e pense

O que precisa saber para aprimorar seu conhecimento e maneira de ser catequista.

Selecione os temas que gostaria de aprofundar e defina os prioritários. Mãos à obra!

Estabeleça os prazos para leitura e estudo de cada assunto.

Prepare o ambiente de estudo de acordo com suas necessidades: horário, ausência de interrupções, silêncio, recursos para anotações, cadeira confortável, mesa ou não...

Tema	Livro ou artigos	Data e tempo de leitura

Faça a sua agenda dos cursos que precisa participar em sua comunidade, paróquia e diocese...

O catequista precisa garantir em seu ministério a contínua prática de se informar e formar. É uma dinâmica de formação permanente na fé em que crescemos e nos fortalecemos no amor do Senhor Ressuscitado, no conhecimento e compromisso de transmitir sua mensagem, de tornar a fé vivida e celebrada.

Para este momento da história Deus nos escolheu e, neste tempo adequado, devemos estar abertos ao Senhor, perguntando *Senhor, o que queres de mim?*

A construção da Iniciação à Vida Cristã depende de todos nós, que estamos responsáveis pelo encantamento do anúncio. Que ela seja um itinerário marcado pelo amor de Deus e aderido pelos seus filhos.

- *As minhas mãos, Senhor*

  As minhas mãos, Senhor,
  disponha para ser um contato
  distinto e renovado...
  Um sentido à vida!
  As minhas mãos, Senhor,
  organiza para ter um toque
  que acenda um encontro,
  um despertar,
  uma esperança.
  São muitos os caminhos,
  antigos... e ultrapassados,
  e que, caducos, não produziram amor...
  São muitas as antigas e inúteis desculpas
  que nunca motivaram ambientes de convivência.
  Dá-me, Senhor,
  prudência para reproduzir,
  com amor, gestos...
  vínculos de afetividade.
  Dá-me, Senhor,
  coragem para romper antigos
  modelos de procedimentos...
  sem vida.

CONSIDERAÇÕES FINAIS

Educar para o amor é a grande provocação do Evangelho nesta mudança de época. Manter o diálogo franco com nossos irmãos e conduzi-los a uma vivência da fé pode ser um caminho que conduzirá a experiência de fé adulta, madura e testemunhal.

Educar para o amor não é esconder erros da caminhada milenar do povo de Deus, mas apresentar a esse povo as verdades ou dogmas que protegem a nossa Fé.

Ser catequista é testemunhar os bens preciosos da Revelação para a qual devemos olhar e anunciar a todos as maravilhas que descobrimos, para que os catequizandos/catecúmenos entendam a motivação da nossa esperança e, juntos, acolhendo as obrigações do reto agir humano, possamos ser movidos à prática da caridade, para que a humanidade chegue à plenitude do amor.

REFERÊNCIAS

DOCUMENTOS CATEQUÉTICOS

CELAM. *Documento de Aparecida* – Texto conclusivo da V Conferência Geral do Episcopado Latino-Americano e do Caribe. Brasília/São Paulo: CNBB/Paulinas/Paulus, 2007.

CNBB. *Catequese renovada*: orientações e conteúdo. São Paulo: Paulinas [Documentos da CNBB 26].

_____. *Diretório nacional de catequese*. São Paulo: Paulinas, 2006 [Documentos da CNBB 84].

_____. *Iniciação à Vida Cristã*: itinerário para formar discípulos missionários. Brasília, DF: Edições CNBB, 2017 [Documentos da CNBB 107].

BIBLIOTECA DE CATEQUISTA

ALBERICH, Emilio. *Catequese evangelizadora*: manual de catequética fundamental. São Paulo: Salesiana, 2004 [Adaptação para o Brasil e América Latina: Luiz Alves de Lima].

CNBB. *Formação de catequistas*. São Paulo: Paulus, 1997 [Estudos da CNBB, 59].

_____. *Catequese para um mundo em mudança*. São Paulo: Paulus, 1994 [Estudos da CNBB, 73].

_____. *O hoje de Deus em nosso chão*. São Paulo: Paulus, 1998 [Estudos da CNBB, 78].

_____. *Com adultos, catequese adulta*. São Paulo: Paulus, 2001 [Estudos da CNBB, 80].

CELAM. *Manual de catequética*. São Paulo: Paulus, 2007.

GRÜN, Anselm. *A oração como encontro*. Petrópolis: Vozes, 2001.

OBRAS CONSULTADAS

Bíblia Sagrada. 50. ed. Petrópolis: Vozes, 2005 [Edição da Família].

Catecismo da Igreja Católica. São Paulo: Loyola, 2000 [Edição Típica Vaticana].

CELAM. *Manual de catequética*: São Paulo: Paulus, 2007.

Compêndio do Catecismo da Igreja Católica. São Paulo: Loyola, 2005.

LARRAÑAGA, Ignacio. *Encontro* – Manual de oração. 25. ed. 1984. São Paulo: Loyola, 2008.

PIEROTTI, Maria da Graça Carvalho. *O que precisamos saber*: catecismo básico. Rio de Janeiro: Presença Edições, 1987.

RAY, Pe. *Leitura orante*: caminho de espiritualidade para jovens. 4. ed. São Paulo: Paulinas, 2006 [Coleção Espaço Jovem].

ROZA, Araceli G.X. da; SANTOS, Maria aparecida dos & SANTOS, Manuel Freixo dos. *Experiências de Deus em Jesus Cristo*: catequese iniciática com jovens e adultos. Petrópolis: Vozes, 2013.

CULTURAL

Administração
Antropologia
Biografias
Comunicação
Dinâmicas e Jogos
Ecologia e Meio Ambiente
Educação e Pedagogia
Filosofia
História
Letras e Literatura
Obras de referência
Política
Psicologia
Saúde e Nutrição
Serviço Social e Trabalho
Sociologia

CATEQUÉTICO PASTORAL

Catequese
Geral
Crisma
Primeira Eucaristia

Pastoral
Geral
Sacramental
Familiar
Social
Ensino Religioso Escolar

TEOLÓGICO ESPIRITUAL

Biografias
Devocionários
Espiritualidade e Mística
Espiritualidade Mariana
Franciscanismo
Autoconhecimento
Liturgia
Obras de referência
Sagrada Escritura e Livros Apócrifos

Teologia
Bíblica
Histórica
Prática
Sistemática

VOZES NOBILIS

Uma linha editorial especial, com importantes autores, alto valor agregado e qualidade superior.

REVISTAS

Concilium
Estudos Bíblicos
Grande Sinal
REB (Revista Eclesiástica Brasileira)

VOZES DE BOLSO

Obras clássicas de Ciências Humanas em formato de bolso.

PRODUTOS SAZONAIS

Folhinha do Sagrado Coração de Jesus
Calendário de mesa do Sagrado Coração de Jesus
Agenda do Sagrado Coração de Jesus
Almanaque Santo Antônio
Agendinha
Diário Vozes
Meditações para o dia a dia
Encontro diário com Deus
Guia Litúrgico

CADASTRE-SE
www.vozes.com.br

EDITORA VOZES LTDA.
Rua Frei Luís, 100 – Centro – Cep 25689-900 – Petrópolis, RJ
Tel.: (24) 2233-9000 – Fax: (24) 2231-4676 – E-mail: vendas@vozes.com.br

UNIDADES NO BRASIL: Belo Horizonte, MG – Brasília, DF – Campinas, SP – Cuiabá, MT
Curitiba, PR – Fortaleza, CE – Goiânia, GO – Juiz de Fora, MG
Manaus, AM – Petrópolis, RJ – Porto Alegre, RS – Recife, PE – Rio de Janeiro, RJ
Salvador, BA – São Paulo, SP